Laura Lambert

Wege ins Glück

Bibliografische Information der Deutschen Nationalbibliothek:
Die Deutsche Nationalbibliothek verzeichnet diese Publikation in
der Deutschen Nationalbibliografie; detaillierte bibliografische
Daten sind im Internet über http://dnb.dnb.de abrufbar.

© 2024 Laura Lambert

Verlag: BoD · Books on Demand GmbH, In de Tarpen 42,
22848 Norderstedt
Druck: Libri Plureos GmbH, Friedensallee 273, 22763 Hamburg

ISBN: 978-3-7693-0223-3

Was passiert

Wenn sich alles dreht

Wenn man plötzlich

In eine andere Richtung geht

Nicht mehr dorthin

Wo wir einst gegangen

Lassen alles los

Was längst

Vergangen

Die Gedanken

Sie waren

Nicht immer falsch

Nur lange

Nicht richtig

Immer nur

Darauf bedacht

Was man gelernt

Wird man erkennen

Nicht mehr so gern

Wie im alten Leben

Wie's früher war

Kann nur besser sein

Mit Veränderung

Mit dem

Was wir

Hinter uns

Gelassen haben

Sehen wir endlich

Den Weg

Der vor uns liegt

Die Natur

Sie heilt uns

Bringt uns

Dorthin zurück

Wo wir hingehören

Können uns nicht

Verstecken

In den Städten

Die uns

Keinen Schutz bieten

Müssen hinaus

In die Natur

Wieder eins sein

Mit dem

Was wir selbst sind

Natur

Leute

Kommen und gehen

Sind immer angezogen

Von den Orten

Wo sie hinsollen

Können nicht bleiben

An Orten

Wo nichts mehr geschieht

Müssen hinausgehen

Entdecken

Neues erkennen

Endlich sehen

Die Welt ist schön

Menschen können

Wunder bewirken

Wenn sie merken

Sie sind selbst

Das Wunder

Das alles

In Bewegung setzen muss

In die Richtung

In die es gehen soll

Fällt das Alte weg

Was wir

Hinter uns lassen

Kann das Neue geschehen

Nur wenn du

An Wunder glaubst

Sicher gibt es Leute

Die werden dich

Nicht verstehen

Nie verstehen

Was du ihnen sagen willst

Denn sie sind nicht

Wie du

Und werden es

Nicht sein

Doch die Menschen

Kommen auch

Jene

Die alles verstehen

Ohne ein Wort zu sagen

Und ohne

Dass du etwas sagen musst

Werden sie dir beistehen

Auf deinem Weg

Der nun eurer ist

Und den ihr

Nun

Zusammen bestreitet

Ich lasse los

Muss nicht mehr

Perfekt sein

Kann „Ich" sein

Hilfe annehmen

Muss nicht immer

Nur alles selbst erledigen

Darf Hilfe bekommen

Auch danach fragen

Muss nicht immer

Alle Sorge tragen

Wenn die alten Sorgen

Vergessen sind

Können sich neue Wege

Eröffnen

Für die

Die es wagen

Sie auch zu beschreiten

Freunde

Müssen nicht immer

Für dich da sein

Müssen sich auch

Um sich selbst kümmern

Können nur da sein

Wie du

Auch für andere

Wenn ihr eigenes Glas

Voll ist

Können nichts schöpfen

Wenn ihr eigener Brunnen

Leer ist

Hilfsbereitschaft

Zahlt sich aus

Ist man nicht

Immer nur

Auf sich selbst bedacht

Sondern

Auch auf das Wohlergehen

Der anderen

Die sich auch mal

In der Sonne wiegen können

Und sich geliebt fühlen

Weil sie endlich mal

Gesehen werden

Wir können alle

Miteinander kommunizieren

Auch ohne

Etwas gesagt zu haben

Treffen wir uns

In Träumen

Tanzen durch Gedanken

Und vermitteln

Durch Energie

Das

Was gemeint ist

Dorthin

Wo es sein soll

Beim Empfänger

Der unsere Energie

Zu interpretieren versucht

Vergiss nie

Du selbst zu sein

In dieser Welt

Die versucht

Dich beständig

Zu verformen

In das

Was ihr

Am meisten nützt

Nicht das

Was am besten ist

Für dich

Und die Menschheit

Sei immer ein Kind

Und hab Spaß

So oft du kannst

Wenn auch nicht

Mit Unvernunft

Nur fröhlich sein

Immer Neues erleben

Sich auf

Neue Abenteuer begeben

Alles tun

Wonach dein Herz begehrt

Und nicht das

Gegen das dein Herz

Sich wehrt

Alles kommt zurück

Was man

In die Welt setzt

Das Gute

Und das Böse

Was man tut

Fliegt zurück

Zum Ursprung

Sollte man doch

Nur das tun

Was man auch selbst

Erleben möchte

In seinem Leben

Du musst

Niemanden daten

Mit niemandem

Zusammen sein

Sind doch viele

Unbewusst

Zusammen

Mit ihren Eltern

Repräsentiert durch

Eine neue Person

Benutzt

Um alte Wunden

Zu heilen

Wenn

Die künstliche Intelligenz

Alles ersetzt

Was macht das dann

Mit uns Menschen?

Macht es uns wertlos

Weil wir

Restlos

Ersetzt werden

Oder

Kehren wir

Zu alten Werten zurück

Und schätzen wieder

Die Gemeinschaft

Im realen Leben?

Vielleicht

Ist es okay

Wenn alles niedergeht

Was einst war

Was unsere Kultur beschrieb

Die alten Sendungen

Und wie

Das Internet

Mal gewesen war

Alles ersetzt

Durch Neues

Nun so einfach

Selbst zu kreieren

Doch so oft

Nicht

Das wahre Ich

Gesellschaften ändern sich

Wie auch wir

Die wir uns

Ständig verändern

Immer wieder

Jemand Neues werden

Bleiben wir nie gleich

Verändern wir auch

Immer wieder

Wer

In unserer Gesellschaft

Bleiben darf

Geld kommt zu dir

Wenn du

Es dir verdienst

Es dir wert bist

Besser zu leben

Mehr zu verlangen

Und mehr zu tun

Als die anderen

Werte und Geld

Hängen dicht beieinander

Sind sie doch

Nicht abzugrenzen

Sondern

Ein und dasselbe

Alles

Kommt mit einem Preis

Wenn man ihn

Auch nicht weiß

So kostet

Doch alles

Was wir tun

Etwas

Manchmal

Die Gesundheit

Manchmal

Das Leben

Müssen

Uns vergeben

Für das

Was wir

Falsch gemacht

Glück

Entflieht uns nicht

Wenn wir nicht

Daran anhalten

Kommt

Immer dort an

Wo es nicht

Festgehalten wird

Kann kommen

Und gehen

Bleibt immer da

Wenn man loslässt

Die Wege ins Glück

Liegen uns offen

Wenn wir nur sehen

Und dorthin gehen

Wo wir hingehören

Dort

Wohin die Wege

Uns führen

Wenn wir zugeben

Was wir mögen

Und was nicht

Und uns immer

Dorthin bewegen

Wo das Glück

Uns blüht

Alles

Lässt sich erklären

Wenn man nur

Zuhört

Und sieht

Statt zu glauben

Was die anderen

Sagen

Die hinter deinem Rücken

Reden

Und Lügen verbreiten

Kann man

Doch sehen

Was sich dahinter verbirgt

Wenn man nur

Die Augen aufmacht

Und sieht

Wer die Person ist

Die so viel

Über dich

Zu wissen glaubt

Glückseligkeit

Ist der Seelenfrieden

Den man erreicht

Wenn man

All seine Probleme

Hinter sich gelassen hat

Sie bearbeitet hat

Gesehen hat

Was man

Hätte lernen sollen

Erst dann

Kann man gehen

Dorthin

Wo die Wege des Glücks

Einen hinführen

Glauben

Kann man viel

Muss man doch

Auch lernen

Wer nur lügt

Nie die Wahrheit sagt

Muss sich abgrenzen

Von denen

Und dahin gehen

Wo die Liebe

Der Frieden

Und die Wahrheit

Liegt

Auch

Wenn sich

Nicht alles

In die Realität umsetzt

Was wir uns

Erträumen

Verwirklicht sich

Doch alles

Worin wir

All

Unser Herzblut stecken

Denn dahin

Wo wir

Energie hinschicken

Fließt sie auch

Glaube

Versetzt Berge

Wenn man denn

Auch

An die richtigen Dinge

Glaubt

Und nicht einfach

Irgendetwas

Sondern

An sich selbst

Und

Dass man

Das schaffen kann

Was man sich

In den Kopf gesetzt hat

Heilung

Erfährt man

Wenn man

Tiefer gräbt

Und man versteht

Was das Problem

Eigentlich

Gewesen war

Die ganze Zeit

Wenn man sieht

Auch anderen

Geht es

Genauso wie dir

Kann man

Sich zusammentun

Und gemeinsam

Das heilen

Was zerbrochen

Du wirst immer gesehen

Auch

Wenn du es nicht glaubst

Kannst du doch nicht

Deine eigene

Frequenz verstecken

Das

Was dich

Zu dir macht

Kannst

Und brauchst

Dich nicht zu verstecken

Denn du

Bist immer

Sichtbar

In voller Gänze

Bist du bereit

Dorthin zu gehen

Wo du

Noch nie warst

Neue Wege einzuschlagen

Zu werden

Wer du

Nie warst

Kannst du nur

Wenn du

Die Person wirst

Zu der du erkoren

Musst

In dir selbst finden

Was dich

Noch trennt

Zu der Person

Zu werden

Niemand

Dich mehr erkennt

Neue Wege

Lassen sich beschreiten

Als neue Person

Die du werden

Und personifizieren musst

Um jemand zu sein

Der du

Noch nie gewesen bist

In diesem Leben

Doch sind

Die anderen

Nur Reflexionen

Von dir

Wenn du es

Genauer betrachtest

Ist dir

Niemand fremd

Niemand

Der dich nicht kennt

Keine Erfahrung

Die nicht gelebt

Und erkannt wurde

Alles ist endlos

Wenn man es

Genauer betrachtet

Gibt es alles

In großer Fülle

Muss man

Nur sehen

Wie die Menschen

Es drehen

Zum Mangel

Um zu verkaufen

Nicht

Um zu verstehen

Wie vollkommen

Und üppig

Alles ist

In allen

Versionen der Erde

Bist du

Eine andere Version

Erlebst

Alle Möglichkeiten

Des Seins

Im Jetzt

Musst nur verstehen

Die Welt

Die du jetzt

Als Realität

Wahrnimmst

Ist lediglich

Deine eigene

Welt

Alles kommt

Ganz genau so

Wie es soll

Kann keiner

Was tun

Dagegen

Alles ist vorbestimmt

Nicht veränderbar

Im großen Ganzen

Sind wir gefangen

In dem

Was wir glauben

Neues offenbart sich

Erst dann

Wenn wir alles

Losgelassen haben

Was bitter nötig

Können uns

Nicht

Auf den Weg machen

Mit schwerem Gepäck

Das uns belastet

Frieden

In der Welt

Ist erreichbar

Sollten doch

Alle

Dieses Ziel verfolgen

Beginnt es

Im Kleinen

Bei jedem Einzelnen

Ändert sich so

Langsam

Die Energie

Auf dem ganzen Planeten

Die Energie dreht sich

Man merkt es doch

Wie sich alles verändert

Nicht nur im Innern

Sondern

Jetzt auch im Außen

Kann gesehen werden

Die Veränderung

Die du

Vollzogen

Alles ergibt sich

Wenn man

Endlich

Die Zügel loslässt

Und versteht

Dass das Leben

In Leichtigkeit

Genossen werden kann

Und nicht gerast

Und mehr als nötig

Gearbeitet

Und versucht werden muss

Was noch nicht

An der Reihe ist

Neue Seelen

Finden Frieden

Dort

Wo die alten

Geborgen

Ihre Plätze geschaffen

Wiegen sie sich

Im Frieden

Von dem

Was einst geschaffen

Ist nun

Auch für sie bestimmt

Gedanken und Worte

Können Wunder bewirken

Gesprochen

Von der richtigen Person

Erkennen wir

Unseren Selbstwert

Unsere Sinne

Die sich schärfen

Mit der Zeit

Und uns erkennen lassen

Wer wir

Wirklich sind

Wir suchen

Uns selbst

In anderen Personen

Müssen doch erkennen

Dass wir es selbst sind

Die wir lieben

Oder lieben sollten

Sehen wir die anderen

Doch immer nur

In unseren Augen

Als Spiegel

Unserer Selbst

In Worten

Und Gedanken

Erkennen wir

Alles

Was wir wissen müssen

In uns selbst

Und allem anderen

Was muss

Gesagt

Was muss

Geändert werden

Wie

Mit dir geredet wird

Hängt von dir selbst ab

Deiner Energie

Deinen Gedanken

Glaube versetzt Berge

Wenn man

Es zulässt

Sich in Richtung

Der Veränderung

Bewegt

Es auch zulässt

Nun

Anders zu sein

Als zuvor

Alles

Im besten Sinn

Alles

Ist in Bewegung

Und bleibt es auch

Ständig

Nie

Kommt es zum Stillstand

Alles

Wandelt sich

Ununterbrochen

Nur so

Bleibt alles

Wie es ist

Zum Glück

Sind alle

Wege offen

Die ins Glück führen

Nicht nur

Ein einzelner

Vorbestimmter Weg

Kann auch ein anderer

Genommen

Ein Umweg

Gegangen werden

Können wir trotzdem

Dort ankommen

Wo wir

Hinmüssen

Wir lernen

Alles von anderen

Auch denen

Die uns

Nicht gutgetan haben

Müssen wir doch sehen

Die Situation

Als was sie ist

Erkennen

Was es zu erkennen gab

Um abzuschließen

Das zu kriegen

Was wir wollen

Unseren eigenen

Seelenfrieden

„Ich kann ja nicht"

Ist eine Lüge

Die wir uns

Selbst erzählen

Sehen doch nicht

Die Wege

Die wir nicht gehen

Nicht gehen

Wollen

Würden wir doch sehen

Die Wunder

Die sich

Auf diesem Weg

Ergeben

Weiblichkeit

Und Männlichkeit

Sind

In unserer heutigen Gesellschaft

Sehr verworrene Begriffe

Können wir doch sein

Wer wir wollen

Müssen uns

Nicht verbiegen

Für andere

Können weiblich sein

Männlich sein

Alles

Was uns beliebt

Um glücklich zu leben

Komm
In die Selbstermächtigung
Dessen
Dein Leben
So zu leben
So zu gestalten
Wie du es
Für richtig hältst
Nicht
Die anderen
Sind unsere Wächter
Und Polizisten
Müssen doch
Selbst wissen
In diesem Leben
Nicht nur
Zu geben
Und nehmen
Müssen sein
Wer wir sind
Nicht so sein
Wie andere
Uns wollen
Nur akzeptiert
Im außen
Der Scheinheiligkeiten

Es ist dein Job

Du selbst zu sein

Niemand sonst

Kann dein Leben

So leben

Wie du

Es könntest

Würdest du tun

Was du weißt

Was du tun solltest

Dich nicht lenken lässt

In die falsche Richtung

Durch die Menschen

Die es doch

Nur gut meinen

Es ist natürlich

Die Menschen

Sie kommen

Und gehen

In dein Leben

Zeigst du

Doch die Veränderung

Die du dir wünschst

Kommt nun

Das Neue

Lässt die alten Leute

Endlich los

Die nicht mehr

Passen

Zu dem

Was du jetzt bist

Lebst nicht mehr

Im Gestern

Und begrüßt

Die neuen Menschen

Die nun

In dein Leben treten

Die freie Entfaltung

Unseres Selbst

Müssen wir uns

Erst selbst

Erlauben können

Damit uns andere

Auch so sehen

Wie wir

Wirklich sind

Gibt es doch

Keine Zeit

Sich zu verstecken

Muss man

Sich zeigen

Hinausgehen

In die Welt

Und

Die Person sein

Die es braucht

Um seine Aufgabe

Abzuschließen

Die bedingungslose Liebe

Ist das

Was wir alle brauchen

Oft nicht haben

Aber verstehen müssen

Was wir aussenden

Das kriegen wir

Auf gleiche Weise

Widergespiegelt

Sich zu verlaufen

Im Leben

Kann geschehen

Können wir

Doch nicht immer

Die richtigen Wege gehen

Müssen sehen

Und entdecken

Was es

Sonst noch gibt

Müssen uns leiten lassen

Immer wieder

Dorthin

Wo wir hinmüssen

Immer da

Am richtigen Ort

An der richtigen Stelle

Muss alles geschehen

Was geschehen soll

Die Hunde

Und Katzen

Sie zeigen uns

Die Liebe

Die bedingungslos ist

Können sie nicht halten

Kommen und gehen

Die kleinen Tiere

Und geben

Jedem

Der ihnen

Über den Weg läuft

Alles

Was sie haben

Mit Freude

Und Liebe im Herzen

Was sie uns

Geben können

Neue Wege

Neue Ziele

Immer

Ist alles neu

Müssen wir uns

Doch beschäftigen

Mit etwas

Können uns

Nicht immer

Im Kreise drehen

Müssen hinaus

Aus unserer Komfortzone

Endlich

Die Dinge erleben

Die das Leben

Wirklich lebenswert machen

Du weißt doch

Wo du hinwillst

Wenn du nur

Hinhörst

Auf die innere Stimme

Die dir

Zu sagen versucht

Hey

Geh mal dort lang

Und nicht

Die Wege

Die so lange schon

Ins Nichts geführt haben

Glauben versetzt Berge

Sagt man so schön

Kann man auch

Berge versetzen

Mit Taten

Die dem Glauben

Folgen sollten

Nicht nur

Zu manifestieren

Visualisieren

Auch das tun

Was nötig ist

Glaubwürdigkeit

Erreicht man

Bei anderen

Wenn man sich

An das hält

Was man sagt

Aber auch das

Was man sich selbst

Vorgenommen hat

Zu tun

Und

In die Tat

Umzusetzen

Freude

Soll geteilt werden

Doch nur

Mit den richtigen Menschen

Den richtigen Freunden

Lässt sich Freude

Richtig leben

Wir müssen geben

Um miteinander

Friedlich

Zu leben

Vertraue deinem Weg

Auch

Wenn du ihn

Nicht sehen kannst

Gehst du doch

Deinen ganz individuellen

Kannst niemandem

Folgen

Bis aufs kleinste

Musst dorthin gehen

Wo du

Deine Bestimmung findest

Die niemand

Mit dir teilt

Eben jene

Zu der du

Erkoren

Was wäre, wenn

Fragen wir uns oft

Wenn wir nicht

Mutig genug sind

Unsere Wege zu gehen

Verbauen uns alles

Wollen nicht losgehen

Denn

Die Gedanken

Sie halten uns

Dort

Wo wir längst

Hätten verschwunden sein

Sollen

Erfahrungen sammeln wir

Jeden Tag

Jede Sekunde

Kann sich doch

In jedem Augenblick

Das Leben

Komplett drehen

Wenn wir entscheiden

Andere Wege zu gehen

Wie ein Adler

Überblickst du

Dein Leben

Kannst ganz oben

Schweben

Gleiten

In der Luft

Die dich hält

So wie du

Deine Zügel

Im Leben

Lebe

Wie du willst

Nicht so

Wie alle anderen

Dich haben wollen

Bereust du doch später

Das Leben

Das du nicht genutzt

Wie du wolltest

War doch allein

Dir gegeben

Niemand anderem

Zu bestimmen

Was zu tun

Und zu lassen war

Normalität

Und das

Was wir glauben

Sein zu müssen

Ist nicht das

Wozu wir hier sind

Sollten wir doch

Aus der Masse

Herausstechen

Wie jeder andere auch

Der seine Individualität

Voll und ganz

Auslebt

Die Wege

Sie zeigen sich

Nicht erst dann

Wenn wir

Sie gehen

Sondern

Schon

In unseren Gedanken

Sehen wir sie

Wie sie sich formen

Und dann

Zur Realität werden

Die du selbst

Erschaffen

Wie viele

Tage

Wochen

Und Monate

Musst du noch

Warten

Bis du endlich

Aufbrichst

Und den Weg gehst

Der dir vorbestimmt

Du endlich erkennst

Hey

Hier

Bin ich richtig

Und das

Ist mein Weg

Jenen

Den nur ich

Gehen kann

Sucht die Orte

Die nach euch rufen

Ihr werdet sie finden

Dort

Wo Geheimnisse geteilt

Und nicht

Versteckt werden müssen

Wo alle

Sie selbst

An sich selbst

Und mit anderen zusammen

Arbeiten

Und Leben

Können

Wir sind es

Alle wert

Geliebt

Und geschätzt

Zu werden

Als unser

Natürliches Recht

Steht uns zu

Was uns andere

Vielleicht

Nicht geben können

Auch nicht

Geben müssen

Müssen wir

Doch selbst

Die Liebe sein

Um sie

Zu erkennen

Wir können

Nicht ewig

So bleiben

Wie wir sind

Müssen doch

Stetig

Neue Wege

Beschreiten

Und erkennen

Wer wir

Geworden sind

Kann man überhaupt

Alles richtig machen

Gibt es überhaupt

Den richtigen Weg

Oder sind

Alle Wege

Genauso

Richtig

Wie sie sind

Sind wir doch hier

Um Erfahrungen

Zu sammeln

Egal

Ob gut

Oder schlecht

Müssen nur

Entscheiden

Wo wir hinwollen

Und

Was es dafür

Zu tun gibt

In Freiheit zu leben

Ist der Traum aller

Oder

Sollte es zumindest sein

Ist doch keine Beziehung

Dafür nötig

Nur jene

Zu dir selbst

Sollte dir heilig sein

Kann dich doch

Keiner glücklich machen

Dich keiner verstehen

Wenn du es selbst

Nicht kannst

Nicht weißt

Was dich glücklich macht

Von Herzen

In der Gesellschaft

Der Vielen

Erkennen wir oft nicht

Wer wir selbst sind

Wird uns doch

So vieles

Auferlegt

Und von uns erwartet

Jemand zu sein

Der wir

Nicht sind

Ziele zu haben

Die gar nicht

Mit unserem Kern

Unserer Seele

Übereinstimmen

Heute

Ist ein schöner Tag

Könnte es doch auch

Der letzte sein

Oder ein Neubeginn

Von etwas

Das du dir

Schon immer

Erträumt hast

Wir müssen uns

Zuerst selbst kennen

Um zu wissen

Wer wir sein können

Und sollen

Nicht irgendjemand

Sondern

Die Person

Die noch fehlt

Im Puzzle

Des Lebens

Das alles

Umfasst

Egoismus

Ist nicht der Weg

Den man

Gehen sollte

Sondern

Den Weg

Der Gemeinschaft

Und Liebe

Der Gemeinnützigkeit

Und allem

Was das Leben

Dann

Zu bieten hat

Man kann ja

So vieles glauben

Was nicht stimmt

Muss man sich

Doch zuerst eingestehen

Dass man sich

Nur selbst belügt

Die Wahrheit nicht sieht

Die die ganze Zeit

Vor einem liegt

Erzählen wir

Uns doch selbst Lügen

Über das

Was wir denken

Was andere

Über uns denken

Denken die anderen

Doch nie

An dich

Sondern

Immer nur

An sich

In diesem Leben

Kann es so vieles

Geben

Wenn man nur

Die Türen

Aufmacht

Sich nicht verschließt

Und dem

Was in deinem Leben

Sein will

Auch öffnet

Die Wahl

Des Friedens

Sieht man

In den Gesichtern

Der Menschen

Die in Frieden leben

Viel geben

Aber auch nehmen

Was ihnen zusteht

Sich nicht verletzten lassen

Von denen

Die nur nehmen wollen

Könnten

Doch alle

In Frieden leben

Würden sie auch geben

Das

Was alle Menschen brauchen

Man kann

Immer

Alles sein

Und werden

Was man sein will

Wird man doch das

Was man ständig denkt

Sind es

Die Gedanken

Die alles verändern

Wie wir uns

Auch selbst

Wenn wir

Die Richtung ändern

Dessen

Was in unserem Kopf

Geschieht

Wir können

Alles werden

Was wir wollen

Wenn wir

Alles

Aus dem Weg räumen

Was uns nicht

Auf unserem

Ultimativen Weg

Dorthin führt

Wo wir

Wünschen

Zu sein

Alles

Was wir nicht sehen

Soll auch

Nicht gesehen werden

Uns verborgen bleiben

Dort

Wo es

Unerreichbar ist

Für uns

Müssen wir uns

Doch beschützen

Müssen nicht

Das sehen

Was uns schaden

Und nichts nützen würde

Sind wir doch gekommen

Um zu lernen

Und nicht

Um zu leiden

Noch keiner

Hat es gesehen

Die Menschen

Müssen leben

So

Wie sie sollen

Und nicht so

Wie andere

Es bestimmen wollen

Müssen wir doch

Unseren eigenen

Weg gehen

Nicht jenen

Der vorbestimmt ist

Durch andere

Sondern

Durch die Aufgabe

Die wir

Uns selbst stellen

Mit dir

Ist alles schön

Musst dir doch

Eingestehen

Dass du

So manchem Mensch

Die Welt bedeutest

Alles bist

Was sie haben

Und du nicht

Alleine bist

Sondern

Immer umgeben

Von jenen

Die alles bedeuten

Auch für dich

Gib acht

Denn

Nicht alles

Ist für dich bestimmt

Nicht alles

Für deine Ohren

Vorgesehen

Zu hören

Oder zu sehen

Was dich

Nicht weiterbringt

Im Leben

Ist doch

Alles

Was wir sehen

Und erleben

Etwas

Das wir lernen

Und erkennen wollen

Im Leben

Schon

So früh

Müssen manche Menschen

Erkennen

Wie schwer

Das Leben sein kann

Sollte man es

Doch mit Leichtigkeit leben

Erkennen

Was bringt die Situation

In der ich bin

Und was

Soll ich lernen?

Löst sie sich

Sodann

Doch viel schneller

Auf

Alles erkennen zu wollen

Alles zu sehen

In diesem Leben

Ist nicht möglich

Haben wir doch

So viele Leben

Schon gelebt

Schon so viel erkannt

Nun sind wir hier

Erkennen

Manches wieder

Neues

Ist ungewiss

Das war nicht

Das Ende

So

Wie du dachtest

War doch

Erst der Anfang

Von dem

Was noch kommen wird

Musst nicht mehr warten

Nun ist es bestimmt

Für dich

Die Zukunft

Die vor dir liegt

Es ist doch

Ganz einfach gewesen

Betrachtet man

Eine Situation

In der man gewesen ist

Im Jetzt

Wo alles vorbei ist

Ist nur fraglich

Wie man

Nicht sehen konnte

Was sich

Die ganze Zeit

Abspielte

Ist nun

Doch gelernt

Und selbstverständlich

Zu verstehen

Was wir lernen

Ist manchmal

Wichtiger

Als den richtigen

Weg zu gehen

Können doch

Auch Umwege

Zu den schönsten

Destinationen führen

Wir sollten

Uns alle

Besser kennenlernen

Verstehen

Was steht

Hinter unserem Verhalten

Des Rückzugs

Oder

Der Aggression

Könnten doch so

Viel besser

Kommunizieren

Was wir

Eigentlich

Wirklich wollen

Die Wege

Sie kreuzen sich

Dann

Wenn es sein soll

Treffen wir die Menschen

Denen wir

Die Welt

Bedeuten werden

Und nicht dann

Wenn wir es wollen

Erst

Zum richtigen Zeitpunkt

Kann alles geschehen

Was wir uns erträumen

In diesem Leben

Und die Wege

Müssen gegangen werden

Egal wie lang

Nicht ohne Zwang

Ist es möglich

Dort anzukommen

Mit der Person

Mit der wir

Dort sein sollen

Vertrauen wir darauf

Dass alles

Sich wendet

Sich so dreht

Wie wir es

Haben wollen

Und nicht so

Wie andere

Es sich

Für uns

Wünschen

Müssen wir

Doch lernen

Nein zu sagen

Zu den Wegen

Die nicht

Unsere eigenen sind

Gesucht

Und gefunden

Sind diejenigen

Die sich aufopfern

Für ihre Aufgabe

Jene

Für die sie

Hierherkamen

Auf die Erde

Müssen

Alles geben

Ihren Auftrag

Sinngemäß

Mit allem Elan

Zu erfüllen

Es gibt

Doch alles

Um uns herum

Müssen nur sehen

Alles erkennen

Was es denn

So gibt

Da draußen

Nicht nur

Alles

Was wir selbst

Sehen

Bleibt uns

Doch verborgen

Was wir

Nicht verstehen

Noch nicht gemerkt

Oder entdeckt haben

Es kann sich

Alles verändern

Wenn man

Seine Wünsche

Nicht nur

In Gedanken

Bleiben lässt

Sondern

Auch zulässt

Und aktiv

Den Weg

Dorthin geht

Wo es hingehen soll

Nicht irgendwohin

Wo der Weg

Uns hintreibt

Falsche Wege

Führen

Nicht zur Destination

Die wir uns wünschen

Doch sehen wir

Vielleicht

So

Einen Weg

Der

Viel besser ist

Für uns

Und unsere Mitmenschen

Jenen

Die wir erst

Auf den „falschen" Wegen

Begleiten

Freundschaft

Und Liebe

Sind zwei verschiedene

Dinge

Gehen sie doch

Getrennte Wege

Wenn man nicht versteht

Dass es

Bei Freundschaft

Immer auch

Um Herzensliebe geht